Bornholm - Skal vi emigrere ?

Forord:

Flyt til Bornholm - Mange familier flytter hvert år til og fra Bornholm, og det er meget forståeligt, for der er skønt herovre.
Hvorfor de vælger at tilflytte, eller fraflytte igen, er noget af det bogen handler om.

Hver årstid på Bornholm har sin charme.

Vinteren og foråret går lidt over i hinanden.

Om vinteren kan man på en morgen i weekenden køre turen fra Gudhjem til Nexø, en tur på 35 km., uden at møde en eneste anden bil.

Omkring april begynder turistaktiviteterne at være lidt mere synlige.
Der er flere springende punkter, der markerer at sommeren er på vej: Et af dem er når softice butikken på Gudhjem havn åbner.

Sommeren er selvsagt en tid med meget fart på alle vegne. Der er masser af mennesker på hele øen, samt udendørskoncerter og liv i byerne.

Den aktive sommer klinger langsomt af omkring august og september.

I uge 42 er det efterårsferie, og herefter lukker det meste ned for vinteren.

I december er der juleaktiviteter i de fleste byer.

Nexø har det store julemarked, og i julen 2024 var der også en del aktiviteter i Rønne og Sandvig, Åkirkeby har også aktiviteter i hele byen.

Det at alle ved alt om alle, kan have sine både gode og dårlige sider. Jeg trives fint med det...

Foreningslivet er stærkt i de mindre byer, man samles om aktiviteterne. Mest synligt uden for sommersæsonen.

Der kan være forskel på om man er bosat i Rønne, Nexø, Svaneke, Gudhjem, Allinge eller Hasle.

Der er mange små selvstændige virksomheder med f.eks. fødevarer, ligesom der er mange kunstnere på øen.

Der er mange beskæftiget i sundhedssektoren, for der er mange ældre på Bornholm.

Håber at bogen kan både inspirerer og informerer evt. tilflyttere.

Bogen skulle gerne give et indblik i hvordan det egentlig er herovre på skønne Bornholm. Både sommer og vinter. Det forsøges oplistet hvilke fordele og ulemper der er ved at bo på Bornholm..

Steen Frandsen

BORNHOLM - SKAL VI EMIGRERE ?

Version 02.2025

En særlig tak til:

Flemming Lykke Stougaard: For foto.

Gudhjem: For brug af den dejligste by.

Tejn havn: For inspiration via havnebad, sauna og sheltere.

Gæsten i Allinge: For dejlige koncerter.

Bøger af samme forfatter:

Falck 36 år på godt og på ondt. Management by Fear

Redaktion: Steen Frandsen
Korrekturlæsning: Mette Kofoed Absalon

Forlag: BoD · Books on Demand, Strandvejen 100,
2900 Hellerup · bod@bod.dk

Tryk: Libri Plureos GmbH, Friedensallee 273,
22763 Hamborg, Tyskland

ISBN: 978-87-7145-724-7

Steen Frandsen, født i 1961 i Ishøj.
Opvokset i Ishøj, og boede der til 1997.

Flyttede til Bornholm i 1997 og bor her stadig.

Arbejdet som redder fra 1988 – 1997 i Taastrup.
Fra 1988 til 2025, redder på Bornholm.

Har 5 børn med samme ex.

Taler flydende tysk og engelsk

Selvstændig med forskellige ferieaktiviteter siden 2020

Bor på Helligdomsvej ved Gudhjem og Rø.

Indholdsfortegnelse

1. Vores lille familie ...

Familien var under opbygning, Lykke og Lars var begge unge, og deres første fødte var kommet til verden om sommeren året før.

De havde efter længere tids votering, navngivet hende Paprika.
Paprika var ikke bare et navn, Paprika skulle være et særligt krydderi i deres lille familie. Og nu var hun blevet 2 år - tiden går stærkt.

Det havde været svært at finde et navn, for der er, så mange søde navne til børn i dag. Navnet Paprika kunne de begge godt lide.

Til hvilken verden er det egentlig de sammen er i færd med at stifte deres lille familie?
Hvilken verden er det vi lever i, og som Paprika skal vokse op i?

Lars var en flot og arbejdsom fyr. 28 år tømrer af uddannelse, og noget af en kleppert, der med sine 190 cm, var han noget højere end gennemsnittet.

Når Lars arbejdede, var det som regel i udkanten af København det foregik.
Tømrerfirmaet han arbejdede for hed "Laust og Lægterne" er et sjovt, og meget beskrivende navn til et tømrerfirma.

Lykke var hans kæreste, og de skulle giftes til sommer.

Lykke var 30 år, 169 cm. høj, og en smuk pige, der med sit lange lyse hår, var vant til at folk kiggede efter hende.

Lykkes udseende gjorde hun blev bemærket, men hendes udseende gjorde det ikke alene, Lykkes udstråling havde bestemt også sin aktie i, at Lykke var bemærkelsesværdig.

Lykke havde en karisma og en aura, der gjorde at hun indtog rummet hun var i.

Lykke var for 3 år siden, blevet færdig som sygeplejerske, og arbejdede på Bispebjerg Hospital.

Klokkestrengen som familien hang i, hamsterhjulet som de løb rundt i, og deres dagligdag gjorde at alle dage var mere eller mindre ens.

Op om morgenen kl. 0530, og på med vanten, for at gøre klar til dagligdagens sædvanlige opgaver. Udfordringer kunne man ikke ligefrem kalde det, for det meste var lidt "same, same".

Lykke og Lars, havde så småt overvejet om det var tid til at Paprika skulle være storesøster...
Enten var det nu, eller også skulle det måske slet ikke være. Måske skulle Paprika bare være enebarn..., enebarn kunne være en nødvendighed, fordi det var hunde, dyrt at bo i storbyen og fordi de begge følte en

form for utryghed i den larm, og det morads der nu engang var i storbyen.

København NV hedder det..., det var her de kunne finde en lejlighed som de kunne betale, med deres middelndkomst på 7-800.000kr om året.

En andelslejlighed til 4.000.000 kr., som ligger et ikke alt for trygt sted, og som de skulle afdrage på de næste mange år.

Man kan kalde det liv som Lykke og Lars levede for ensartet.

Man kan også kalde det for vores tids stavnsbånd.

Når man har stiftet sin gæld, lige som de fleste andre gør, så er det ens pligt til at stå op og "Keep the wheels on turning".

Gør man det ikke, så vil banken komme og tage lejligheden fra den lille nystartede familie.

Egentlig en lidt ækel tanke, for dermed er det jo også sagt, at staten Danmark har en stor interesse i at familier stifter gæld, særlig spillegæld og anden kortfristet gæld.

2. Vold, terror og tyveri.

Når Lars ikke arbejdede, så trænede han ofte i det lokale fitnesscenter.

Lars ønskede at holde kroppen ved lige, så han kunne undgå at få skader på skuldre, ryg, arme, ben osv.. Deres pensionsalder er pt. 75 år.

Tidligere havde de begge, både Lykke og Lars, trænet i fitnesscenter sammen, men det var blevet lidt sværere nu de havde fået Paprika.

Når Lykke og Lars var sammen med deres venner, faldt samtaleemnet ofte på at flytte i hus uden for storbyen, for priserne var jo horrible i selve København.
Der er mange fordele ved at flytte uden for byen, ikke mindst vold og kriminalitet.

Det var lidt usikkert og irriterende, at uanset hvor meget man låste og sikrede sine ejendele. Uanset hvor godt man passede på sine værdier, så var der hele tiden en vis form for sandsynlighed for at de alligevel blev stjålet.

Deres store lækre eldrevne "Christiania ladcykel" var blevet stjålet i sidste måned. Væk var den, og deres liv var med et gjort en del mere besværligt.

Jo jo - selvfølgelig fik de erstatning via deres dyre familieforsikring erstatning, men usikkerheden i at ens ting kan blive stjålet, det at leve i storbyen var en usikker tilværelse i kalkuleret risiko.

Pengene betød en del og var en del…, usikkerheden for deres lille familie var en anden.

Vold var også en del af billedet. Det var ikke tilstande som f.eks. skyderier i Malmø der fyldte dem med usikkerhed, men følelsen af sikkerhed var heller ikke cementeret i deres bevidsthed.

Terror, som f.eks. den i Krudttønden og imod religiøse samfund uanset trosretning, fyldte også en del hos dem.

Uanset hvordan man end vender og drejer det, så indgyder det usikkerhed og frygt, at der i ny og næ, er terrorangreb, både lokalt i nærheden, eller andre steder i verden.

Foran potentielle terrormål ses politi og militær bevæbnet med automatvåben …..

Var politi og militær der ikke ville det føles endnu mere usikkert.

Nørresand, Gudhjem

3. Lykkes faster Anne på Bornholm.

Pengene var ikke store, og muligheden for at besøge faster Anna på Bornholm i sommerferien, var en kærkommen håndsrækning til en sommerferie der passede familieøkonomien.

De havde 14 dages ferie sammen i slutningen af august, og faster Anna havde tilbudt at de kunne låne 1. salen i hendes hus i Gudhjem.

Faster Annas børn var flyttet hjemmefra, og Anna og hendes mand Hans brugte ikke længere 1.salen i huset.

Gudhjem er Danmarks eneste bjergby, og huset lå forholdsvis centralt på Malkestien, som ligger midt i byen.

Hans og Anna var begge pensionerede, og ville begge nyde lidt selskab sådan lidt uden for højsæsonen.

Hans var en forholdsvis veltrænet mand, der med sine 75 år holdt sig rigtig godt.

Anna var lige fyldt 70 år, og heller ikke på hende kunne man se at alderen havde slidt.

De var begge aktive i både den lokale By og museums forening, og så badede de begge hele året. Både i svømmehallen, og på den lille af de 2 havne der ligger i Gudhjem, Nørre Sand.

Nørresand, som havnen hedder, ligger i den nordlige del af byen, med et lille super hyggeligt fiskerleje, og en mole som gør det nemt at komme både i, og op af vandet.

Café Norresaan, som den hedder på Bornholmsk, ligger også på den nordlige havn.
Cafeen var samlingssted for alle aldersgrupper.
Dagen lang var der liv i cafeen, og særlig om aftenen samledes folk der.

Gudhjem var en fantastisk by, både sommer og vinter.

Lykke huskede den som en by med sin helt egen charme.

Lykke var, som barn, flere gange på besøg hos faster Anna og hendes mand.

Om sommeren var Gudhjem altid fyldt med liv og glade dage. Gaderne var fyldt med smilende og glade mennesker i alle aldre.

Voksne slentrede med hinanden i hånden, og børn der legede. Mange af dem med en isvaffel i hånden.

Gudhjem havde været rigtig god til at holde på formerne.
Det æstetiske miljø med røde tegltage, bindingsværk og kalkede facader, var med til at bevare en romantisk atmosfære, hvor man følte sig, sat en del år tilbage i tiden.

Om formiddagen kunne man både se og lugte røgen fra skorstenene på røgeriet.

Om aftenen var der oftest Livemusik fra nogle af spisestederne, så alt i alt var der en stemning der bragte det gode og glade frem i de mennesker der besøgte byen.

Norresaan er et fantastisk sted at betragte solnedgange.
Er man så heldig at få lov at se solnedgangen, som når solen forsvinder ned i havets overflade, og forsvinder som en rød tomat i vandet, så er det en oplevelse for livet.

Både Solop- og solnedgange kan midt på sommeren ses fra Gudhjem.
Solopgange er fantastiske. Det eneste der er galt med dem er at man midt på sommeren, skal så pokkers tidligt op for at se dem...

Langs kysten går der kyststier både mod nord og syd. Kyststierne, eller strandstierne som de også kaldes, er egentlig redningsstier fra den tid hvor skibe ofte grundstødte.

Mod nord går stien mod kunstmuseet, og mod syd går stien mod Melsted.

Begge stier har deres charme, idet de tæt følger kysten, så nært som det nu er muligt.
Stierne er kuperede og lidt svære at gå på, men ganske specielle og bestemt en oplevelse værd.

4. Vi gør det... vi holder sommerferien på Bornholm...

Lykke og Lars tog mod tilbuddet fra faster Anna og onkel Hans.

De havde googlet lidt og fundet forskellige steder med turistinformation, bl.a. Turistbureauet Destination Bornholm havde en god hjemmeside.

De valgte at turen til Bornholm skulle gå via Køge, og at turen tilbage til København skulle gå via Ystad og Øresundsbroen.

Hvis man sejler med natfærgen fra Køge kan man gå ombord ved 22 tiden. Færgen sejler først fra Køge kl. 00:30, så der er god tid til at finde en god plads i sovesalonen.

Turen til Køge gik planmæssigt, de var der kl. 21:30, og det var i god tid. Paprika var faldet i søvn i sin stol på bagsædet, men vågnede da de kørte ombord på bildækket på færgen. Der var en del støj og lugt fra lastbilerne og alle trailerne der blev kørt ombord.
Om sommeren var der op til 120.000 mennesker på Bornholm, så var det ganske naturligt at det støjede.

Om vinteren var der kun godt 39.000 fastboende på Bornholm

Lykke og Lars havde taget soveposer og hovedpuder med til dem alle 3, og de begav sig op i sovesalonen, hvor der var mulighed for at sove i sovesofaer eller på gulvet.

Af hensyn til den lidt trængte økonomi havde de fravalgt muligheden for at købe en kahyt.

Om natten var der var lidt støj fra de andre passagerer. Det var svært at sove i nærheden af så mange fremmede mennesker, nogle snorkede og andre skulle ud at tisse.
De lærte på overfarten, hvor man taktiske placerer sig bedst i forhold til døre til toiletterne osv., det var jo nok ikke sidste gang de skulle med natfærgen.

De vågnede så småt omkring kl. 5 og Paprika var lidt sulten. Lykke havde taget lidt digestivekiks og juice med, og det skulle være deres morgenmad til de kom i land.

Lykke gik på toilettet sammen med Paprika, imens Lars pakkede deres soveposer og øvrige ejendele sammen.

De gik ud på dækket, hvor de akkurat nåede at se solen stå op over Bornholm.

Solopgangen var meget flot og betagende, færgen havde bragt dem til et sted omkring Hasle og den sejlede nu ned langs kysten mod Rønne.

En tur der bestemt var den lidt hårde nat med den sparsomme søvn værd.

5. Ankommet til Bornholm...

Bornholm viste sig fra sin bedste side Vejret var skyfrit og klart, solens stråler lyste klart, også selv om solen endnu ikke var helt oppe på himlen.

De skulle nu finde vejen til Konditor-bageren på Øster Ringvej i Rønne.

De havde googlet det, og set på nettet, at der var åbent alle dage fra 0600.
De gik alle tre ind i bageren for at købe en kop kaffe og anden drikkelse samt en frøsnapper, som de kunne nyde på vejen til Gudhjem.

De valgte at køreturen til Gudhjem, skulle være tværs henover øen igennem Almindinge statsskov, som er Danmarks 3 største skov.

Turen igennem skoven er betagende. Paprika var som børn oftest er, ikke særlig imponeret, og så var hun træt, så hun faldet i søvn i bilen - det er bare god sovemedicin at køre bil.

De valgte at standse ved Lilleborg, som er den ene af de 2 borgruiner der ligger midt i Almindinge.
Her kunne de, med Paprika sovende på bagsædet, nyde det sidste af den kaffe de havde købt hos bageren, inden turen gik til Malkestien i Gudhjem, som skulle være deres base de næste 14 dage.

Paprika vågnede, da bilen standsede ved Malkestien. Hoveddøren til huset som Anna og Hans boede i stod åben, den ligesom sendte dem et "Velkommen til" …

Anna og Hans havde set dem, og gik dem i møde. Duften af friskbagt brød og frisklavet kaffe ramte dem da de fik den varmeste velkomst af Anna og Hans. Det var en fantastisk start på deres sommerferie på Bornholm.
Paprika var lidt genert, men Anna og Hans havde selv 3 store børn, så de lod som ingenting, for ikke at gøre noget væsen ud af det, og Paprika tøede hurtigt op i det venlige miljø.

Lykke og Lars havde købt lidt brød og smør med, så nu var der da rigeligt. Anna havde sat ost og marmelade på bordet og Hans skænkede den friskduftende kaffe.

Sød, venlig og betænksom som Anna er, havde hun lavet en kop varm kakao til Paprika.

Anna og Hans bader, som tidligere nævnt, hele året. Om sommeren er det mest nede ved Nørresand, eller i blæsevejr er det ved yder molen til Nørresand havn.

Deres aktive liv både fysisk og psykisk gør de holder sig rigtig godt af deres alder.

De er begge aktive fysisk i forskellige foreninger. Gudhjem by og museums forening har de meget glæde af.

Om vinteren hvor det er lidt koldt i vandet, svømmer de i Gudhjem svømmehal.

Gudhjem svømmehal er et fantastisk sted. Særlig morgensvømningen og pensionistsvømningen er et samlingspunkt.

Morgenmaden var indtaget, og de gik alle til Nørresand for at bade. Paprika havde sine badevinger på, og Lars bar hende på armen, ned til vandet ad trappen på molen.

Vandet var 17 grader, dejlig klart og super frisk. Vinden kom som vanligt fra vest, og der var en ganske lille smule bølger, men ikke mere end man sagtens kunne bade.

6. Badetur og det gode liv.

De havde lovet Paprika en badetur.
De skulle på stranden, og de valgte Sandkaas, for turen til Allinge går lige forbi Sandkaas.
I Allinge ligger der en Netto, Super Brugsen og mange andre forretninger. Ikke mindst "Gæsten" som er et spillested for mange af de kendte danske band.

Lykke og Lars havde set at Hugorm skulle spille der, og det ville de gerne opleve, hvis det da var muligt at få billetter.

Sandkaas har en lille indbydende lagune med dejligt badesand. Dagligt kaldes den Lille Sandkaas.

Den øvrige del af Sandkaas bliver kaldt store Sandkaas, der er super indbydende, med badebro i den nordlige ende, og resten af strækningen mod Tejn skiftevis steder med sandstrand.

De badede i Lille Sandkaas hvor der også er en lille hyggelig café med salg af is, kaffe og andre drikkevarer.

Bilen kunne parkeres kun 100 meter fra vandkanten, og de nød deres eftermiddag deroppe.

De havde lovet Anna og Hans, at de ville handle noget til grillen samt drikkevarer. Derfor gik turen efter badeturenved Sandkaas til Allinge for at handle, og hvor de samtidig skulle undersøge om der var billetter til Hugorm.

De parkerede på havnen ved Netto og gik op til Gæsten. De blev på Gæsten mødt af det glade og venlig personale, som solgte dem 2 billetter til Hugorm.

Gæsten havde de hørt en del om. De fornemmede at Gæsten nok var et super hyggeligt sted. De kulørte lamper hang i guirlander hen over området foran scenen. De kunne ikke andet end glæde sig til koncerten ...

På vejen tilbage til bilen ved Netto, gik de ned over havnen.

De gik op på Terrassen, der var helt nyåbnet og de fik en lille is til Paprika samt en café latte til mor og far, priserne var anstændige, og stedet havde en fantastisk udsigt over havnen.

Havnen i Allinge var et spændende sted. Under folkemødet var den et sandt mekka af debatter og glade mennesker.

Lige nu var havnen fyldt med lystsejlere, og det gav nu også en dejlig stemning.
Lars havde altid ønsket sig en båd, men bådpladser var meget svære at få fat på i København, og så var de rasende dyre.

Det var helt anderledes på Bornholm, der kan man nærmest få en bådplads med dags varsel.

De kørte hjem til Malkestien langs kysten.
Turen er smuk, med varieret udsigt til havet og landskabet med marker og skov, langt det meste af vejen.

Kort efter de havde passeret kunstmuseet i Rø, kom Gudhjem til syne helt ude på pynten til venstre.
De kunne se Nørresand hvor de havde badet i morges.

På Malkestien sad Anna og Hans i deres hyggelige og idylliske have med fuglekvidder, og et par sommerfugle som gæster.

Det var svært ikke at holde af selve stedet og være taknemmelig for deres gæstfrihed.

De havde en gasgrill så aftensmaden krævede ikke den store forberedelse. Lykke og Lars havde købte nogle af de lokale pølser samt salat som tilbehør

Klokken var 16 så Lars og Hans delte en øl fra et af de lokale bryggerier, Small Batch Brewery.

7. Hans og Anna har guldbryllup om 5 år.

De har været gift i 45 år, og har levet deres liv, på både godt og på ondt.

De er begge indfødte bornholmere, og sammen har de skabt en tilværelse i Gudhjem i deres hus med have, og alt det de ønskede sig da de var unge.

3 børn har de fået sammen. De er alle store og Anna og Hans har også fået børnebørn.

Anne havde i de første år af ægteskabet, imens børnene var små, været hjemmegående med børnenen.

Senere tog hun taget uddannelsen til SOSU hjælper. Overbygningen som SOSU assistens havde Anna også taget.
Det lokale plejecenter "Klippebo" havde haft glæden af Annas helt åbenbare sociale kompetencer. Det havde været til glæde for både beboere og personalet samt de pårørende til beboerne på "Klippebo".

Hans havde arbejdet som murer. I de første år som ansat og senere havde han haft sin egen forretning i Gudhjem.
Arbejdet som murer havde glædet mange mennesker i Gudhjem og omegn.
Som tømrer havde Lars fra første færd bemærket Hans barkede næve.

Næven vidnede med al mulig tydelighed om, at hænderne havde været en stor del af hans værktøj.

Lars var nysgerrig på opskriften til sådan en tilværelse, og evnen til at holde sammen i så mange år. Han så sit snit til at spørge Hans ligeud.

De sad ved bordet i haven med de mange blomster sommerfugle og fuglekvidder.

Lars spurgte ligeud, og Hans svarede.

Respekt og forventningsafstemning er nøgleordene.

Det er nødvendig at man taler ordentlig til hinanden. Når det spidser til skal man gå lidt væk fra hinanden, for så at mødes igen efter 1/2 til 2-3 timer.

Derigennem var det lykkedes for dem at holde sammen på familien, og de kår de havde haft.

En anden vigtig faktor som Hans kunne nævne var økonomien. De havde altid haft en sund økonomi uden den store gæld.

De havde kunnet svare enhver sit, og kun haft gæld til lån i huset. Altså gæld med lav rente, og ingen af dem havde været afhængige af spil, tobak eller alkohol.

Måske havde de kunne holde afhængigheden af spil, tobak og alkohol, eller for den sags skyld andre former for økonomisk krævende afhængighed, ude af deres liv, fordi der aldrig var de store spektakler eller kedsomhed i deres liv.

8. Sundhed, forurening og helbred...

Muligheden for at leve et sundt liv var umiddelbart set bedre på Bornholm.

Her var åbenlyst ikke det samme stress og jag, som i storbyen.

Forureningen var mindre og luften var meget friskere end den luft Lars kendte fra storbyen.

Nogle gange havde Lars efter en dag i den indre by i København, pudset næsen i en ren serviet og tørret sit ansigt med en anden ren serviet.

Han korsede sig over synet af de ret sorte servietter i hånden som talte deres tydelige sprog.

Trods partikelfiltre på bilerne, bliver der alligevel udledt et eller andet i luften som han så indånder.
For når der er så meget forurening i luften, at hans ansigt og næsen var så sorte, hvor meget var der så i hans lunger?

Det var så luftforureningen.
Stressen over at skulle holde sammen på økonomien til den hårdt belånte lejlighed, og stressen over at leve i et utrygt miljø, lå heller ikke øverst på Lars ønskeseddel om et godt liv.

9. Hammershus, badeturen på Dueodde.

De vågnede til fuglene der sang. Vinduet havde stået åbent hele natten, og det var lyst derude i haven. Solens stråler skinnede ind igennem sprækkerne i gardinet.

Fårene der græssede på arealet ved Bokul, kunne også høres. De gav deres besyv med i form af deres de mææhede. Idyllisk det var det helt bestemt.

De sov i samme seng alle 3, Lykke, Paprika og Lars.

Et eller andet sted var søvnen lidt dårligere, end når de havde sengen for sig selv, men det er bare den naturlige pris for den kærlighed de har sammen. Et eller andet sted var trygheden og nærheden ved at sove sammen uovertruffen,

Der duftede af frisklavet kaffe og friskbagt brød - dufte som kalder på at dynen bliver slået til side, og man står op.

Nede i køkkenet var Anna og Hans i gang med at anrette til morgenbordet ude i haven.

Når muligheden var der, så ville det være forkert ikke at bruge den, de skulle selvfølgelig nyde morgenbordet ude i haven.

Imens de sad ved bordet kunne de høre færgen der sejler til Christians Ø give et trut i hornet. Christiansøfartens færge hedder Ertholm, og giver altid trut i hornet når den sejler mod Christians Ø kl. 1000 om formiddagen.

Fuldstændig som det plejer at være, havde der garanteret også i dag været en gruppe af fastboende Gudhjemboere, som havde sunget skibet ud af havnen. Som gestus til sangen giver Ertholm et trut i hornet. Mere idyllisk kan det næsten ikke blive.

Lars, Lykke og Paprika skulle i dag til Hammershus, og derefter ville de køre langs Vestkysten til syd delen af Bornholm.

Deres lille Toyota Yaris fragtede dem til Hammershus, der med sine rester af omkransende murværk lå majestætisk i al sin pragt, ligesom den havde ligget i flere hundreder af år.

Besøgscenteret der var blevet bygget for få år siden var fantastisk.
Det var finansieret af A.P. Møller fonden.
Det danner en god, saglig og faglig grund for turen rundt i borgruinerne.
Det kan virke svært at forstå at stedet virkelig har været beboet af mennesker. Det må have været en kølig fornøjelse om vinteren.

Turen sydover Bornholm, mod Dueodde, Snogebæk Balka og Nexø, gik selvfølgelig via både Hasle og

Rønne. Turen fra Hasle og sydpå via Rønne er relativ flad, men alligevel spændende, de var jo ikke rigtig vant til at køre ude på landet.

Dueodde badestrand er en af Europas bedste. Det fine sand er det nærmest umuligt ikke at have noget med retur af, for det er så fint at det gemmer sig alle vegne, det er gratis minder.

Vandet er relativt fladt, og man kan gå langt ud før man kan svømme, eller slet ikke kan bunde.

Det var hyggeligt for dem alle. Det at der var så lavvandet, gjorde også at temperaturen på vandet, var en smule højere.
Saltindholdet i vandet på stranden er næsten den samme som i et menneske, og det betyder, f.eks. at havvandet det ikke svier i øjnene.

10. Koncerten og overnatning i shelter på Tejn havn.

Det var dagen hvor de skulle til koncert, og de sad som de andre dage i haven og nød morgenkaffen og talte sammen om løst og fast.
Anna, Hans samt Lykke, Paprika og Lars var samlet, og man kan høre fårene lave deres sædvanlig mææhen.
Fuglene kvidrede og sommerfuglene fløj rundt og bestøvede blomster.
Det var den bedste ferie da havde haft i mange år.
Ingen stress og jag, ingen kvælende og kvalmende varme der gør det til en kamp at kunne sove om natten.
Ingen gadesælgere på sydlige turistmål, som konstant platter for om man skulle være en af deres bekendte, eller om man havde lyst til at møde deres fætter. Plat og svindel som det var befriende at være foruden.

Samtidig var det heller ikke nødvendigt at vogte over sine ejendele her på Bornholm. Vel var der kriminalitet her, men Bornholm er også stedet, hvor alle ved alt om alle, og det begrænser kriminaliteten.

Anna og Hans havde lovet at passe Paprika imens Lykke og Lars var til koncert med Hugorm.

Lars fik ideen at han og Lykke måske kunne få en forældre aften ud af det, måske kunne de overnatte i en af shelterne på Tejn Havn, og starte dagen med en sauna tur og et morgenbad i havnen.

Anna og Hans var med på ideen og Paprika følte sig tryg i deres selskab.

Som sagt så gjort, de pakkede deres soveposer sammen, og lånte 2 liggeunderlag og badehåndklæder. De lagde det hele ud i bilen og var klar til afgang mod Allinge.

Anna havde i al hemmelighed pakket en madkurv til dem. 1 flaske vin, et par øl, nogle pølser og en engangsgrill, samt lidt vand.

På vejen op til Allinge kørte de forbi Tejn havnebad. De ville sikre sig at der var en ledig shelter, og de lagde deres soveposer og liggeunderlag i den ene shelter. De talte med et par der sad i den anden shelter, om at de ville komme tilbage senere.

Lars så på saunaen og reserverede tid i den til næste morgen kl. 7, så der var tid til det hele...

De kørte til Allinge, fandt en parkeringsplads ved kirkegården, og gik ned til indgangen til Gæsten.

De fandt en god plads at stå og Lars hentede noget at drikke til dem.

Koncerten var fantastisk, det hele var super lækkert. Glade mennesker og god musik, hvad mere kan man forvente og forlange.

De gik op til bilen, klokken var omkring 22 og de havde endnu ikke spist.

Vel ankommet tilbage til shelteren i Tejn fik de tændt op i grillen, og gjort klar med madrasser og soveposer.

Lars åbnede vinen og skænkede dem hver et glas.
Parret i shelteren ved siden af var gået tidlig i seng, de skulle videre på deres vandretur tidlig næste morgen.

Pølserne var lagt på grillen, og duften fra røgen fra grillen skærpede appetitten. Den slags oplevelser kan ikke købes for penge...

De fik lyst til et aftenbad, det var ellers ikke noget de praktiserede, men nu gjorde de det... Lars var først ude af sit tøj, og til Lykkes store overraskelse gik han i vandet uden sine badebukser...
Lykke fulgte trop. Det var lidt lækkert at bade nøgne.
De fik en svømmetur i det klare vand. De kyssede hinanden i vandet, det var mega frækt og intimt, at være sammen med hinanden på den måde, at mærke hinandens nøgne kroppe så intenst.

De svømmede hen til badebroen, hvor de uden at få en masse sand på fødderne, kunne gå tørskoet hen til deres tøj.

Også her blev deres grænser overskredet, de var ikke vant til at være nøgne i det offentlige rum på den her måde.

Tilbage ved bord og bænkesættet kunne de nyde den sidste varme fra grillen. Lars skænkede Lykke den sidste rødvin i hendes glas, og han tog selv en øl.

De sad tæt sammen, og i lyset fra havnens gadelamper kunne de ane stjernerne, og se månen, som var næsten fuld.

Lars kyssede Lykke, noget der ellers ikke havde været ret meget tid til den seneste tid, ja måske endda de sidste 2 år, altså siden Paprika blev født.
Vel havde de haft sex, men det var måske mest det man kan kalde business as usual, altså overlevelsessex.

Her kunne de begge mærke hinandens kroppe under andre omstændigheder end det sædvanlige.

Da de vågnede næste morgen tænkte de begge om kimen til Paprika som storesøster var blevet lagt i nat. De kiggede på hinanden, kiggede hinanden i øjnene og sagde nærmest samtidig, ja det muligt. De var enige i at det næppe kunne gøres mere romantisk end her, så skulle det være, så skulle det være nu.

Klokken er 7, solen var pænt synlig hen over det gamle isværk, der nu fungerede som ishus for kalas is.

Saunaen var brændefyret og fyrmesteren havde tændt op til dem.

De startede med et hurtigt morgendyp, og så ind i sauna. Det var længe siden de havde haft det så hyggeligt, havde haft så meget tid til hinanden. At de havde mærket hinanden så intenst. De sad ikke bare i saunaen, de sad der og holdt om hinanden.

11. Retur i Gudhjem.

Hjemme på Malkestien løb Paprika dem i møde og sprang op til dem begge.

Anna og Hans takkede for lån af Paprika. De spurgte om hun var vaccineret med en pickup fra en grammofon, for hun talte meget.
Faktisk mente Anna og Hans at de nu begge vidste nærmest alt om den lille Københavnske familie og de fleste af deres venner.

Paprikas var et dejligt og elskeligt barn, og med lidt held og lykke, så skulle hun måske snart være storesøster. Kimen til undfangelsen vidste de i al fald hvor var foregået. Uden betænksomhed, omsorg og kærlighed fra Anne og Hans, så var det ikke sikkert det havde været nu.

Anna og Hans syntes de 3 sammen skulle køre en tur - syntes de skulle gøre som de havde lyst, og at de alle 5 skulle mødes om aftenen på Sydøst for Paradis, som er det skønneste lille spillested, hvor hatten går rundt for orkesteret.
SydØst for Paradis ligger ved Hullehavn i Svaneke.

De aftalte at mødes ved 19-tiden for der startede musikken, som i aften skulle spilles af duoen Absalon & Salina's. Mette Absalon har en stemme som en lærke den minder om Lisa Nilssons. Henrik Salina's spillede fint op til stemmen, og når de spiller sammen er det noget af en oplevelse.

Paprika kunne nå at bade nede i vigen, som Hullehavn ligger i, så hun og Lars gik i vandet.

Lykke havde en dejlig fornemmelse i sin krop, en fornemmelse hun godt kendte fra tidligere. Det var nok nødvendig de lige rundede et apotek en af de nærmeste dage... Ikke at det gjorde dem store forskel, men det var alligevel rart at vide...

Musikken spillede, folk klappede, og også der var stemningen ganske særlig. At sidde der med baggrund lyden af bølger der slog med klippekysten, duften af de salte vand og den friskbryggede kaffe, var meget svært at sige noget dårligt om.

Vel ville det også blive efterår, vinter og forår på Bornholm, men sommeren på Bornholm trumfede det hele, og resten handler vel egentlig bare om ordentlig påklædning.

Klokken var 21 da musikken standsede. På turen hjem til Malkestien faldt Paprika selvfølgelig i søvn i bilen. Det havde været en lang dag for hende.

Aftenen var stadig præget af at solen havde magten, det bliver ikke helt mørkt om natten.
I den idylliske have hos Anne og Hans sad de voksne sammen, og helt spontant spurgte Lars hvad husene egentlig kostede på Bornholm?

Spørgsmålet var slet ikke overvejet, men det var vel affødt af de oplevelser deres lille familie havde haft de sidste dage.

Lykke var egentlig slet ikke overrasket over spørgsmålet fra Lars, hun fandt det nærmest naturligt at spørge. Det var ikke noget de 2 på nogen måde havde overvejet, men der var da helt klart et potentiale i at bo på Bornholm i stedet for i København.

Hans sagde at der var ret stor forskel på huspriserne, afhængigt af, hvor man ønskede sig et hus.

I byer med bopælspligt var priserne lidt mere moderate, end i de byer, hvor bopælspligten var ophævet.

Der var stor forskel på om man boede i Gudhjem, Svaneke, Allinge, Hasle eller Rønne.

Det kunne også være en ide at gøre sig tanker om man ville bo i nærheden af arbejdspladsen.

I Lykkes tilfælde som sygeplejerske, var det muligt at få job i døgnplejen, på Bornholms Hospital, og f.eks. i lægepraksis. Der var også psykiatrien ligesom Bornholms Regionskommune havde forskellige stillinger som f.eks. visitator.

Lars som jo var tømrer kunne få job mange steder, og han kunne også vælge at blive selvstændig.

Indkomsterne vil falde en smule men ikke meget.

Til gengæld var mange andre ting billigere.

Forsikringer var billigere og de tegnedes ofte hos det lokale forsikringsselskab Bornholms Brand.

Et hus i et af områderne med bopælspligt ville kunne købes for 1,5 – 2 millioner og opefter.

12. De nære relationer, familie, venner bekendte osv..

Kan de nære følelser med, familie, venner osv. tåle at vi flytter så langt fra hinanden?

Vil vi bevare hinandens venskaber og relationer?

Er vi bare forkælede når vi bor så tæt på hinanden, som inden for en afstand der kan tilbagelægges på 10-20-30 minutter?

Vil vores forbindelser blive så meget mere intense, hvis vi kun ses 1-2 gange om året?

Egne erfaringer siger mig at familienforholdet bevares, måske endda forstærkes, hvorimod venner ofte falder fra.
Falder relationerne fra, er det så ikke ligegyldige eller platoniske relationer?
Hvis de ikke tåler afstanden og omlægningen af venskab osv.?

Relationer til venner falder ofte fra, men gør det ikke nødvendigvis.

Mit indtryk er at relationerne bliver meget stærkere bearbejdet under samvær og møder, når man ikke ses ofte.

13. Markedet skal sonderes... mulighederne skal overvejes.

De næste dage blev brugt til at besøge Bornholm og det øen har at byde på, samtidig med at forskellige huse og deres beliggenhed kom med i overvejelserne.

Det er et større spring at flytte til Bornholm, men beslutningen om at flytte er ikke større, end at den kan gøres om.

Lykke og Lars kunne altid flytte tilbage.

Eventyret ville have kostet en del penge, men de ville så være erfaringen rigere. De skulle ikke resten af livet bebrejde sig selv, at de ikke gjorde det.

De følgende morgener var emnet naturligt nok konsekvenserne ved evt. at flytte til Bornholm.

De talte en del ved morgenbordet i den hyggelige have, og de skulle huske at rense billedet af skønne Bornholm der sidder på deres nethinder og i deres hjerne.

De skulle huske at selv herovre blev det på et tidspunkt hverdag.

De skulle huske at se nøgternt på mulighederne, huske at være realistiske omkring fordele og ulemper ved evt. at flytte til Bornholm.

Hans og Anna kunne berige dem med, at selv på lille Bornholm, er der kulturelle forskelle i de lokale miljøer, og at alting har hver sin charme.

I aften ville de igen tage til Syd-øst for Paradis. Det lille spillested havde klart gjort sit til de havde deres søgen af mulighederne for at flytte til Bornholm.

Hvem der i aften spiller der er egentlig ligegyldig, for hyggen og stemningen er uovertruffen.

Svaneke går lidt for at være en kunstnerby.

Svaneke har sit eget kulturhus Svanekegården, hvor der afholdes forskellige kulturelle arrangementer, med foredrag, kunstudstillinger osv..

Svaneke har som Gudhjem, været gode til at bevare facaderne på husene, og byen fremstår derfor ret idyllisk.

Helt klart var Svaneke også en by der kommer med i deres overvejelser...

Når hele Bornholms ligger foran en er det svært at vælge, hvilken en af perlerne der skal vælges til og hvilke der skal fravælges.

Muligheden for at leje et hus til en start var der måske også....